電波社

必ずうまくなる!!
ソフトテニス
基本と練習法

はじめに

本書には、ソフトテニスを始めたばかりの人でも、しっかりボールを打てるようになるために必要な基本的なことをすべて詰め込みました。

今、さまざまな陣形や球種を駆使して選手たちはプレーしています。初心者の方でも、そういう幅広いプレーに対応できるようなドリルを選び、載せました。ぜひ、参考にして、日頃の練習に取り組んでください。

今の時代に合った、「新しい基本」の入った本書を、ぜひ活用して競技力向上に役立てていただけたらうれしい限りです。

必ずうまくなる!! ソフトテニス 基本と練習法　目次 CONTENTS

撮影協力:近藤俊介
(エースマネジメント)

[**協力**] AAS Management 合同会社
[**構成**] 八木 陽子
[**撮影**] 井出 秀人
[**編集**] 柳澤 壮人(コスミック出版)
[**デザイン・DTP**] 平岩 恭子(コスミック出版)

Chapter 1

フォアハンドストローク

ワンバウンドしたボールを利き手側で打つのが
フォアハンドストローク。
試合の中で、もっとも使用するショットといえます。
まずはミスなく、打球の長短、力強い・緩い、直線的・山なり…など、
自由自在にコントロールできるように練習していきましょう！

Q1 ラケットの握り方は?

ウエスタングリップで握った状態

ウエスタングリップ

ラケットは地面に対して平行で、そのまま手のひらをグリップに添えて握る

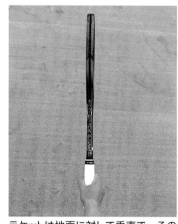

イースタングリップ

ラケットは地面に対して垂直で、そのまま手のひらをグリップに添えて握る

ラケット面を地面に対して平行にして
上から素直に手を添える

ラケットのグリップの握り方は、ラケット面を地面に対して平行にして、上から素直に手を添えます。その状態でグリップを握ると、正確なインパクトにつながります。これが、もっとも主流のウエスタングリップの握り方です。上達してきたら、ショットによってグリップを変えて、各ショットの質を高めていきます。

ウエスタングリップ

ラケットは地面に対し、平行に置く

グリップの上に手のひらをそのまま乗せる

手のひらを添えたまま、グリップを握る

リラックスした状態で、ラケットを握る

Q2 ボールを打つ前の姿勢は？

正面

体の中心に

ラケット1本分

自分が打ったあと、相手の返球に備え、写真のようにスタンスはラケット1本分くらい広げて構える

Coaching

スタンスはラケット1本分くらい
自然とヒザが曲がり、重心を下げやすくなる

ボールを打つ前の姿勢（構え）のことを、「待球姿勢」といいます。待球姿勢で重要なのが、スタンス（足幅）です。両足をラケット1本分くらい広げることで、重心を下に落としやすく、自然とヒザが曲がります。全身をリラックスさせ、相手打球に備えましょう。上半身は背筋を伸ばし、猫背にはならないように。そして、全身をリラックスし、相手打球に備えましょう。

横

ヒザを曲げる

後ろ

重心を下に落とし、ヒザを少し曲げて、相手打球に素早く反応できるように準備しておく

Q3 ラケットにボールを当てるには?

STEP1 ▶▶ 手でキャッチ

球出し者がワンバウンドさせて投げたボールを手でしっかりとキャッチする

STEP2 ▶▶ 手で打つ

球出し者はSTEP1と同様にワンバウンドで上げボール。練習者はそのボールを手で打つ

ボールに対し、
顔を近づけていくイメージで

ラケットにボールが当たらないという人は、おそらく打球がバウンドする場所と身体の距離感がうまくとれていないのだと思います。ボールが飛んでくるところへ、しっかりと顔を近づけていくイメージです。ここでは、ラケットにボールが当たりやすくするために、段階的な練習を紹介します。

STEP3 ▶▶ ラケットで打つ（短く）

ラケットのグリップの上を握って、ワンバウンドしたボールを打つ

STEP4 ▶▶ ラケットで打つ

グリップを握って、STEP3と同様に行う。ラケット面をボールの下にもぐらせて打つ

Q4 ボールを打つとき、どうやってラケットを振るの?

写真2でテークバック(ラケットを後ろに引く)し、写真3~7で時計の8時から2時の方向へラケットをスイングしていきます。このときヒザは、沈んで伸び上がるイメージで、下半身の動きを使って打っていきましょう

時計の「8時から2時」の方向へスイング
ヒザの曲げ伸ばしを使おう

ソフトテニスを始めたばかりの頃は、まずは山なりのボールを打つことを目標にしましょう。そのためには、時計でいうと、「8時から2時」の方向にラケットをスイング（振る）していくと、ボールに自然とドライブ（回転）がかかり、ネットを越えてから相手コートに落ちていきます。また、下半身、特にヒザの曲げ伸ばしを使って打っていくとよいでしょう。

Q5 フォアハンドストロークの打ち方は？(STEP1)

下半身のリズムは、写真 1 が「1」、写真 3 が「2」、写真 6 が「3」。
左足はボールを打つ直前に地面につくぐらいがよい。下半身の動きは、
野球のピッチャーやバッターのようなイメージで

ジャンプ→右→左と足を動かし、「1・2・3」のリズムで

待球姿勢から素早く動き出すために、その場で少しジャンプ（スプリットステップ）をしてから一連のストローク動作に入っていきます。下半身のリズムが非常に重要で、（右利きなら）ジャンプ後に右足、左足と動かして、「1・2・3」のリズムで打つイメージを持ちましょう。左足が早く着きすぎると足が固定され、手打ちになってしまうので注意！

Q6 フォアハンドストロークの打ち方は？ (STEP2)

連続写真では、踏み込み足（前足）が「かかと→つま先」＝後ろから前へ体重移動している様子がよくわかる（写真**5**〜**7**）

Coaching

踏み込み足（前足）が地面に着くときは、 かかとからつま先へ＝後ろから前へ

フォアハンドストロークの打ち方でもう1つ大事なポイントが「体重移動」です。踏み込み足が地面に着くときはつま先からではなく、「かかと→つま先へ」体重が移動していくように踏み込むと、後ろから前への力がボールに伝わりやすくなります。

Q7 打つときに左右の腕は どう動かす?

写真**1**がテークバック、写真**2**で左手の親指を内側に入れ、写真**3**からインパクトに向けて、左手のひねりを開いていく。左手が使えないと、左手のひねりから生まれる力を使えず、ボールにパワーが伝えられない

左手（利き手ではない方の手）も使うことで
パワーが生まれる

ボールを打つために使うのは、ラケットを持つ利き手だけではありません。利き手側でない腕も使って、上半身の動きから生まれた力をスイングに伝えていきます。右利きの人ならば、インパクトに向けて、左手の親指を内側にしぼって、打つ瞬間に開いていきます。利き手でない左手のひねりを使うことで、スイングが加速し、パワーのあるボールが打てます。

Q8 打つときに左右の足は どう動かす?

写真2で左足を軸足の右足に寄せ、写真2〜3で軸足にタメをつくっている。写真7のインパクト時以降、軸足の右足で地面を蹴り上げ、ボールに力を伝えている

軸足でタメをつくり、
インパクトの瞬間に軸足で地面を蹴る

初心者の人の中には、体重移動をせずに打ってしまう人がいます。軸足（右利きなら右足）を設定し、テークバック時に軸足でない足（右利きなら左足）を軸足の方に寄せるとタイミングがとりやすいでしょう。また、軸足にタメをつくり（パワーをためる）、インパクトの瞬間に軸足で地面を蹴り上げると、下半身のパワーも加わり、ボールに大きな力が伝わっていきます。

Q9 ボールを打つとき、どこに、いつ、力を入れるの?

写真のように、ラケットでボールをとらえる瞬間、このときにグリップを
ギュッと握ることで力が一気にボールに伝わり、前にボールを飛ばすこ
とができる

横

Coaching

ボールがラケットに当たる瞬間に、グリップをギュッと握り、力を入れる

ボールをインパクトするとき、つまりボールがラケットに当たる瞬間にギュッとラケットを握り、ボールを飛ばしていきます。気をつけてほしいのは、ストロークを打つ前、打ったあととずっと力を入れ続けていること。力が入ったままだと、ムチがしならないのと同じで、スイングスピードを加速させるためには、インパクトの瞬間に力を入れなければいけません。

正面

Q10 飛んでくるボールを ワンバウンドで打つ タイミングは?

Coaching

基本的に、自分の前足のあたりに ボールがきたときが打つタイミング

スイングスピードが一番速くなるところで打つと、もっとも力がボールに伝わり、速く、力強いボールが飛んでいきます。自分で素振りをして、一番スイングスピードが速くなるポイントを見つけてみましょう。そうすると、だいたい自分の前足のあたりにボールがきたときが、打つタイミングだということがわかるかと思います。

NG ダメな打ち方

打点が後ろになると 力が入らず、 手打ちになってしまう

打点が、自分の身体の後ろの方になってしまうと、利き腕に力が入らず、手打ちになってしまうので注意しましょう。できるだけ「前で」打つことを心がけましょう。また、打点の高さは、おへそから胸の高さで打つとより強いボールが打てるでしょう。

上の写真では打点が後ろになり、体重が後ろに残ったままに。体重移動もできず、ボールに力が伝わらず、手打ちになってしまう

Q11 相手コートにボールを打ちたい。どうしたらネットを越える?

ベースラインを目標にすると、目標物までの距離が遠すぎて
打ちづらいので、ネットからラケット1本分を目標に打っていく

ネットからラケット1本分の高さを
狙って打ってみよう!

ボールがネットを越すためには、目標物があると打ちやすいかと思います。
ネットからラケット1本分までの高さを狙って打つと、ネットを越えると
ボールが落ち、アウトにならずに相手コートの中に入ります。また、イン
パクトからフォロースローでラケット面をかぶせすぎてしまうと、ネット
になりやすいので注意しましょう。

Q12 ボールがアウトしてしまう。どうしたらコートに入るの?

テークバックではコンパクトにラケットを引く

コンパクトなテークバックから、体重移動、左手のひねりなどを生かし、大振りしないように打つ

Coaching

スイングは後ろから前にいくほど、小さな振りになっていく

ボールがアウトしないためには、スイングは後ろから前にいくほど小さい振りになっていくとイメージしてみましょう。そうすると飛び過ぎはなくなるはずです。アウトしてしまうときは、スイングが大振りになっているのかもしれません。その場合、コンパクトなフォームでスイングすることを心がけましょう。そうすると、コート内にボールが収まりやすくなります。

NG ダメな打ち方 大きなテークバックはNG

写真のような大きなテークバックでは、その後のスイングも大振りになってしまいます。テークバックからコンパクトに構え、体重移動などを生かして打っていきましょう。

3
4

Q13 自分のいる場所から 少し遠いボールは どうやって打つの?

写真4で踏み込み足の左足を大きく踏み出して、
ボールを打つ地点に身体をグッと近づけている

ボールを打つ地点に近づくためには、いかに踏み込み足を深く1歩出せるか

右利きならば、待球姿勢からボールの飛んでくる方向に向かって右足（軸足）を1歩出し、次に左足（踏み込み足）を出してスイングしていきます。その際、いかに踏み込み足を深く1歩出せるかによって、ボールを打つ地点へ近づけるかが決まってきます。これができず、ボールを打つ地点から身体が遠くなってしまうと、手打ちになってしまうので気をつけましょう。

NG ダメな打ち方 ボールを打つ地点に身体を素早く移動させる

ボールを打つ地点に身体を近づけないと、ボールと身体の距離が遠くなり、手打ちになってしまいます。ボールを打つ地点に、身体を素早く移動させ、ミスなく打っていきましょう。

Q14 自分のいる場所から1〜2歩動いて打つときはどうする?

「1・2」では打たない。「1・2・3」の足さばきで
打つことでミスなく返球できる

待球姿勢から軸足を1歩出すことで
身体を横にし、踏み込み足を前に出す

1〜2歩の場所に相手ボールがバウンドする場合、「1・2・3」のリズムで打っていきます。自分のいる場所でスプリットステップ（「1」）をし、右利きの場合ならば、ネットに正対していた待球姿勢から軸足の右足を1歩横に出し（「2」）、身体を横に向け、軸足の右足でためをつくります。そこから左足を前に出して（「3」）、スイングしていきます。

 NG ダメな打ち方

踏み込み足を
着地するタイミングは
ラケットの振り出しくらい

右利きの場合、スプリットステップ→右足（軸足）を出す＋左足（踏み込み足）を出す→左足を着地します。着地するのはラケットの振り出しくらいで、このタイミングが大事です。

35

Q15 自分のいる場所から 数歩動かないと 打てないときはどうする？

フットワークの最後に足幅を広げることによって、遠いボールにも対応できる。それによって、
ラケット面がボールの下に入り、重心の低い状態でスイングを始められる

✕ 足幅が狭い

ボールの落下地点にまだ遠い場合は、
フットワークの足幅を広げて調整を

フットワークを入れて打つ場合は、（右利きならば）待球姿勢から軸足（右
足）→踏み込み足（左足）の順にステップを踏んで、ボールを打つ場所へ
移動していきます。それでもボールの落下地点に遠い場合は、最後のステッ
プ時の足幅を広げて（スタンスを広げて）調整します。

Q16 深いボールを打つためには どうする?

インパクト後、写真**7**のようにフォロースルーを大きくすると、深い打球が打てる

インパクト後のスイングを大きく振っていこう

深いボールを打つためには、インパクト後、大きくラケットを振るイメージを持ちましょう。深いボールが打てない人は、インパクトでボールをこすり上げてしまう傾向がありますが、そうなってしまうとボールにうまく回転がかからず、ネットを越すとすぐにボールが落下してしまいます。インパクト後のスイングを大きくしていきましょう。

NG

ダメな打ち方

インパクトでボールをこすり上げると、ボールは深く飛んでいかない

左の写真ではインパクトでボールをこすり上げてしまい、フォロースルーが小さくなってしまっています。こすり上げてしまうと、ボールは深く飛んでいきません。大きなフォロースルーを心がけましょう。

Q17 短いボールを打つためにはどうする？

短いボールを打つといっても、山なりのボールでは相手にチャンスを与えてしまう。
シュートボールを打つフォームで、短いコースを狙っていこう

しっかりラケットをスイングし、ネットの白帯を狙う

短いボール打つためには、しっかりラケットをスイングすることが大事です。ショートラリーの中でも、ネットすれすれ（ネットの白帯）を狙っていくと短いボールを打つことができるようになります。また、シュートボール（速く、軌道の低いボール）を打つスイングで、短く打っていくとミスも少なくなるでしょう。

4　**5**

NG
ダメな打ち方　山なりのボールで短いコースを狙うと、相手のチャンスボールになってしまう

ただボールを上げて短いコースにボールを打とうとすると浮き球になり、相手のチャンスボールになってしまいます。ボールが浮かずに、短いコースを狙えるよう、ネットすれすれを狙いましょう。

Q18 速いボールを打つためには どうする?

「軸足のため」「大きな踏み込み」「インパクト後の送り足」
に注意しよう。野球のピッチャーとバッターのような下半身
の使い方をイメージすると◎

Coaching

速いボールを打つポイントは、「軸足のため」「大きな踏み込み」「インパクト後の送り足」

速いボールを打つためには、下半身の体重移動が重要。軸足を設定したら、踏み込み足を上げて右足にためをつくり、そこから踏み込み足を大きく踏み出します。これにより、後ろから前への体重移動がスムーズにできます。さらに、インパクト後に、軸足で地面を蹴り上げることで軸足が送り足となって自然と前に出てきて、よりボールに力を与えます。

NG ダメな打ち方 軸足が送り足として前に出てこないと、後ろから前への体重移動ができない

インパクト後に軸足で地面を蹴り上げず、送り足として前に出てこないと、体重移動ができず、手打ちになってしまい、ボールが加速していきません。

43

Q19 高さをつけたボールは どうやって打つの?

ラケット面をボールの下に入れ、下から上にボールを運ぶようにスイングする際に、曲げたヒザ(写真2～4)を伸ばしていく(写真5～8)。それによりボールに高さがつく

スイングは「7時から1時」の方向に。
ヒザの曲げ伸ばしを使って、下から上に運ぶイメージで

高さをつけたボールを打ちたい場合、インパクトのときにラケット面を
ボールの下に入れ、そこから時計の「7時から1時」の方向にスイング
していきます。さらに、ラケットを手だけで振り抜いていくのではなく、
ヒザの曲げ伸ばしを使って、ボールを下から上に運んでいくようなイメー
ジでスイングすると、高さをつけたボールが打てるでしょう。

NG
ダメな打ち方 ヒザが突っ立ったままでは
手打ちになってしまう

ヒザの曲げ伸ばしを使わず、踏み込み足
のヒザが突っ立ったままで、高さをつけた
ボールを打とうとすると、手打ちになって
しまいます。スイングしながら曲げたヒザ
を伸ばしていくことで、ボールを下から上
へ運ぶことができます。

Q20 まっすぐ打つためには どうするの?

写真 **3** 以降、踏み込んだ左足は動かず、しっかりと固定されているため、
インパクト面をまっすぐ前に押し出すことができている

インパクト面を
素直にまっすぐ押し出す

まっすぐ飛ばすためには、ボールが当たったラケット面を素直にまっすぐ
押し出していきましょう。インパクトした瞬間、左足のつま先が動くと下
半身が固定できず、ボールがまっすぐに飛びません。安定した下半身と、
正確にボールをインパクトしていくことが重要です。

NG
ダメな打ち方

踏み込み足が動くと、身体全体がブレ、まっすぐ飛ばない

右利きの人ならば、踏み込んだ左足が動いて
しまうと、上半身もブレ、ボールはまっすぐに
飛びません。踏み込んだ左足はしっかりと固
定し、狙ったコースにしっかりと飛ばしていき
ましょう。

Q21 斜めに打つためには どうするの?

A ▶▶ 引っ張り

自分の身体より左側の
コースへ打つこと=「引っ
張り」のボールを打つ、
となります。打点は自分
の身体よりも前、踏み込
み足の前付近でとらえ、
打っていく。まっすぐ打
つときよりも、少し早め
に打つイメージで

B ▶▶ 流し

自分の身体より右側のコー
スへ打つこと=「流し」の
ボールを打つ、となります。
打点は引っ張りよりも遅れ
気味に後ろのあたり、自
分の身体の中央と軸足の
間あたりで打つ。まっすぐ
打つときよりも、少し遅め
に打つイメージで

コースの打ち分けは
打点の位置でコントロールする

ソフトテニスでは、右利きの場合、自分の身体より左側のコースへ打つことを「引っ張り」、自分の身体より右側のコースへ打つことを「流し」と言います。「引っ張り」「流し」へ打つためには、どうしたらいいかというと、コースの打ち分けは、打点（インパクトの場所）の位置を変えることで打ち分けられます。「引っ張り」の場合は、打点はできるだけ前でとらえます。一方、「流し」の場合は、打点はやや遅れ気味にし、奥でボールをとらえます。

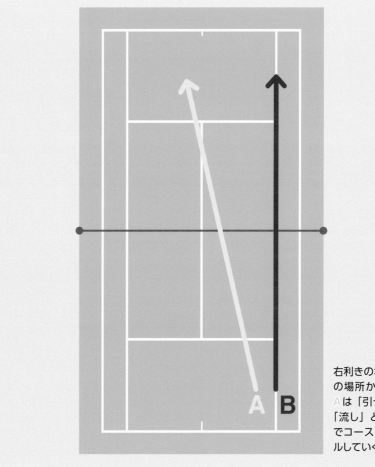

A   B

右利きの場合、クロスの場所から打つ場合、Aは「引っ張り」、Bは「流し」となる。打点でコースをコントロールしていく

Q22 相手が力強いボールを打ってきたらどうやって返球するの?

STEP1 ▶▶ 相手の速いボールをラケット面でしっかり受け止められるよう、ボールをつかむ練習を。
球出し者が手投げで出したボールを、ワンバウンドさせて手でキャッチする

STEP1の注意点

実際に速いボールを返球する際は、手でキャッチするタイミング＝インパクトでグリップをギュッと握る

速いボールをつかむイメージで
コンパクトなテークバックで対応

相手に速いボールを打たれると、ボールの威力に負け、後ろに体重が残り、体勢が後傾してしまいがちです。相手打球に押されないようにするためには、速いボールをつかむイメージで、コンパクトなテークバックからラケット面をしっかり受け止め、返球していきましょう。ここでは、速いボールに対応できるよう段階を追った練習方法を紹介します。

STEP2 ▶▶

球出し者が手投げでワンバウンドさせたボールを、練習者はラケットで打つ

STEP2の注意点

1　2　3　4

相手の速いボールの球威に負けず、後ろ体重にならないように、ボールを上から（もしくは平行に）見て、つかむ意識で打っていこう

Q23 相手が弱いボールを打ってきたらどうやって返球するの?

写真ではややオーバー気味にしているが、写真2〜3で軸足にタメをつくり、踏み込み足を上げることで、より下半身にパワーを蓄えることができ、チャンスボールを強打できる

踏み込み足を地面に着地させるのを、少し遅くして打つ

相手が体勢を崩すなどして、弱いボールが返球されたときはチャンスです。攻撃的な返球をしていきましょう。その際、スプリットステップで全身を脱力気味にし（リラックスさせ）、軸足で十分にタメをつくり、踏み込み足を地面に着地させるのを少し遅くして打っていきます。

NG

ダメな打ち方 踏み込み足が早く着地するとアウトになりやすい

相手が打ちそこなった場合は、こちらにとってはチャンスボール。踏み込み足を早く地面に着きすぎると、下半身が固定され、体重移動ができず、力んで手打ちになってしまいます。そうなると、ボールはアウトしてしまうので注意しましょう。

Q24 相手が深いボールを打ってきたらどうやって返球するの？

写真②ですでに後ろに下がり、写真⑥では前に詰めている。こうすることで、
自分がスムーズにスイングできる状態をつくっている

Coaching

一度後ろに下がり、
そこから前に詰めて打とう

相手から深いボールが返球されてきたとき、バックステップで後ろに下がり、そこから前に詰めて打ちましょう。後ろに下がらずに返球しようとしても、ボールを打つ場所が足元近くになるなど、窮屈な打ち方になり、うまく返球できません。いつもと同じようにスイングするためにも、自分が移動して、打ちやすい状態をつくるようにしましょう。

NG

ダメな打ち方 後ろに下がらないと、
打点が身体の近くになってしまう

相手ボールが深いと思ったら、素早く後ろに下がり、そこから前に詰めて打ちます。下がらずに返球しようとすれば、打点が身体の近くになってしまい、スムーズにスイングできません。

Q25 相手が短いボールを 打ってきたら どうやって返球するの?

写真4〜6のように左足をすべらせ、大きく足を広げる（写真6）と、ラケット面がボールの下に入りやすい。
大きくスライド（すべる）することでミスなく返球できる

踏み込み足をすべらせて
スタンス（歩幅）を大きくする

短いボールを打たれたら、前へ素早く詰めて返球しますが、それでも、ネット前などに打たれた場合はなかなか追いつきません。そういう場合は、前へ詰めて踏み込み足をすべらせて、スタンス（歩幅）を大きくしてボールの打つところまで身体を持っていきましょう。そこからラケット面をボールの下に入れ、ボールを飛ばしていきます。

NG
ダメな打ち方

スタンスが狭いと、
ネットにボールをかけやすくなる

足をすべらせ、大きなスタンスで対応することでラケット面をボールの下にもぐり込ませ、ネットを越えさせて返球できますが、写真のようにスタンスが狭いとネットにかけやすくなるので注意！

Q26 自分の体勢が崩れたとき どうやって返球するの?

Coaching

陣形や体勢を崩されたら、胸を張り、 背筋を伸ばして上体をフラットに

相手の返球が厳しかったりすると、陣形を崩され、次の相手打球に対する準備ができず、体勢を崩した状態で返球しなければいけない場面もあります。崩された体勢ではミスにつながるため、素早く胸を張り、背筋を伸ばして上体をフラットにして体勢を戻すようにしましょう。

NG ダメな打ち方 体勢が崩れる＝上半身の乱れ。 素早く上体を立てる

「体勢が崩れる＝上半身の乱れ」というパターンが多いかと思います。猫背にならないよう、胸を張り、背筋を伸ばし、上体を立てるようにしましょう。

Chapter **2**

バックハンドストローク

バックハンドストロークとは、
利き手と逆側にきたボールに対して、
フォアハンドストロークと同じラケット面で
振り抜いていくショット。
フォアハンドストロークよりも力が入りにくいショットですが、
コツをつかめばライバルに差をつけられるショットになります。

Q27 バックハンドストロークってどういう打ち方?

上の連続写真が斜め前から見た写真、下段が横から見た写真。利き手とは逆側に飛んできたボールを打つバックハンドストローク。下段写真**6**では打点を前にとって、振り抜いていっている様子がわかる

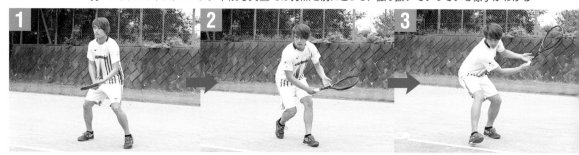

打点を前にとって打つことが大事。
勝敗を分けるショット!

バックハンドストロークは、利き手の逆側に飛んできたボールを、フォアハンドと同じ面で打ちます。しっかり打点を前にとって打つことが大事です。フォアハンドに比べ、苦手とする人も多いですが、武器にできればライバルに差をつけられます。弱さにもなりますが、強さにもなる。勝敗を分けるショットだといえます。

61

Q28 バックハンドストロークの打ち方を教えて(STEP1)?

STEP1では、写真のようにサービスエリア内で球出し者が練習者の
真横からボールを下に落とし、練習者が地面につけたラケットヘッドを
下から上に振り上げていく。ボールは緩く返すだけでOK

まずはラケットヘッドを地面につけ、下から上に振り抜く軌道を知ろう

バックハンドストロークを習得する際、利き手がどのような軌道を通ってスイングしていくか、理解するためにも、最初はラケットヘッドを地面につけて、ラケットを下から上に振り上げる練習から始めることをお勧めします。そこから徐々にラケット面を横にして打てるように、段階を追って練習をしていきましょう。

スムーズにスイングするためのインパクト時のボールと身体の距離感を知ろう

STEP1を後ろから見た写真。ラケットヘッドを下から上に振り抜くだけでボールは飛ぶ

Q29 バックハンドストロークの打ち方を教えて (STEP2)？

ネットから離れることで、
よりボールを押し上げる意識を

STEP2では、STEP1よりもネットから離れた場所から手投げの上げボールをバックハンドで打っていきます。STEP1同様に、ラケットは下から上に振り上げていきますが、ネットから距離が遠くなったことで、より押し上げていく意識を持って打っていきましょう。そうすることで、スイングもより大きくなっていくはずです。

3

サービスラインの後ろから、写真のように球出し者がボールを落とし、それを練習者がバックハンドで打ち返す。基本的に、ラケットヘッドは地面につける感じでOK

4 **5**

ラケットのスイングは下から上に振り抜いていく。ボールがネットを越すためにも身体全体でボールを押し上げていくよう意識しよう

Q30 バックハンドストロークの打ち方を教えて (STEP3)?

STEP1・2ではラケットヘッドを地面につけていたが、ここではテークバックを大きくとって、後ろから前への体重移動を使ってボールを打っていく

後ろから前（左から右）への 体重移動を意識しよう

STEP3はベースラインからの手投げの1本打ち。STEP1・2よりもテークバックが大きくなり、身体全体を使って、特に下半身の力を最大限利用して打っていきます。右利きでいえば、後ろから前（＝左半身から右半身）への体重移動が行われ、その力でボールを前へ押し出していきます。

写真**3**のように、打点を前にして振り抜いていこう

67

Q31 バックハンドストロークのとき、うまくボールがラケットに当たらない

Coaching

フォアハンド以上に、ラケット面に顔を近づける意識を

バックハンドストロークを打つときに、うまくボールが当たらないという人がいます。いくつかの原因がある中で、もっとも多いのが、ワンバウンドしてきたボールに対し、顔が離れてしまっているため。バックの打点は1つです。顔とボールが離れていると、身体全体でボールを押し出すことができないため、ベストな打点でインパクトできないのだと思います。

写真のように打点と顔が近いと、後ろから前への体重移動を利用して、身体全体でボールを押し出すことができる

NG ダメな打ち方

写真のように、ボールに対して顔が離れてしまうと、後ろから前への体重移動ができない。ラケット面でボールをしっかりととらえられず、ボールが前へ飛びにくくなります。

Q32 バックハンドストロークのとき ネットを越えない

ネットからの高さを意識すれば、ネットにかけたり、
アウトしたりすることがなくなるはず

どんな体勢でも
ネットからラケット1本分の高さを狙う

どんなに体勢が崩れても、ネットからラケット1本分の高さを狙って打って
いけば、ネットにかからず相手コートにボールは飛んでいきます。フォア
ハンドストローク同様に、ベースラインを目標にすると、ターゲットが
遠いため、難しくなりますが、ネットからラケット1本分の高さのところを
通れば、ネットを越して相手コートに入っていくはずです。

Q33 バックハンドストロークのとき、アウトばかり

アウトしないために、ボールに対し、ラケット面をフラットに当てる意識を。
左手を添えることで、右手のブレがなく、スイングも振り抜きやすくなる

ダブルハンドで打つことで、ボールがフラットにラケット面に当たる

アウトしてしまう最大の原因は、インパクト時にラケット面が上を向いてしまっているからだと思います。ラケット面が上を向かないよう、おススメするのが利き手の逆側の手、右利きでいえば左手を右手に添えて、ダブルハンドで振り抜くことで、インパクトでラケット面にフラットに当たるため、ボールがアウトすることがなくなるはずです。

Q34 バックハンドストロークで深いボールが打ちたい!

 踏み込み足はかかとからつま先へと体重を乗せていく

 踏み込み足がつま先から地面についていると、後ろから前への体重移動ができない

踏み込み足はかかとからつま先へ
体重を乗せていく感覚で

バックハンドストロークを深く打ちたいとき、下半身でボールを飛ばすイメージを持つとよいでしょう。踏み込み足（右利きの場合は右足）はかかとからつま先へ体重を乗せていく感覚で、後ろから前へ体重移動すると、下半身の力がボールに伝わり、相手コート深く、ボールが飛んでいきます。

踏み込み足はかかとからつま先へと体重を乗せていくと、後ろから前への体重移動ができる

NG
ダメな打ち方

踏み込み足をつま先から着地させると、
手打ちになってしまう

踏み込み足をつま先から地面に着地していくと、後ろから前への体重移動ができず、下半身の力を使ってボールを飛ばすことができず、手だけでラケットを振っていくことになってしまうので注意！

Q35 バックハンドストロークで高さをつけたボールを打ちたい!

写真**6**のように打点を前にし、ヒザの曲げ伸ばしを利用する。また、ラケット面をボールの下にもぐり込ませてラケットを振り上げていく

「7時から1時」の方向へ
ラケットを振り上げよう

高さのあるバックハンドストロークを打ちたい場合は、フォアハンドストローク同様に、時計の「7時から1時」の方向へラケットを振り上げていきましょう。また、打点が奥になってしまうとラケットを振り上げにくくなるので、打点は前で打つことを心がけましょう。

NG
ダメな打ち方
打点が奥になると、ラケットを振り上げにくくなる

写真のように打点が奥になると、スイングが窮屈になり、ラケットを振り上げにくくなるので気をつけよう。

Q36 バックハンドストロークでまっすぐ打ちたい！

ダブルハンドで、インパクト時にラケット面をボールにフラットに当て、
写真 4 〜 6 では平行に振り抜き、ボールをまっすぐに押し出している

インパクト時、
ラケット面をボールにまっすぐに当てる

フォアハンドストローク同様に、バックハンドストロークをまっすぐに
打ちたいときには、インパクト時にボールに対し、ラケット面をまっすぐに
当てることがポイントです。ラケット面をまっすぐにボールに当てるため
には、利き手の逆側の手（右利きなら左手）を利き手の手首付近に添える
ことで、フラットにインパクトしていくことができます。

NG
ダメな打ち方
写真のように、身体がのけぞり、体重移動ができないと
斜め上に振り抜きづらくなり、まっすぐ飛ばない

Q37 バックハンドストロークで斜めに打ちたい!

打点の位置で打ち分けを フォアよりもバックは打点を前に

フォアハンドストローク同様に、コースの打ち分けは打点の位置でコントロールします。バックハンドの場合、フォアハンドよりも打点は前になります。そのうえで、自分の利き手側に打つ「引っ張り」の打点は前、利き手の逆側に打つ「流し」は少し奥で打点をとらえます。

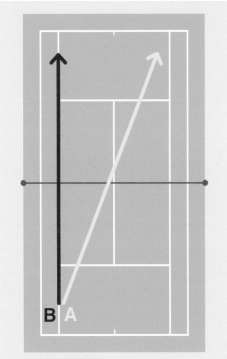

バックの場合、Aは「引っ張り」で、Bが「流し」に

A ▶▶ 引っ張り

バックの引っ張りの打点。タイミング早く打っていくイメージで

B ▶▶ 流し

バックの流しの打点。右足のちょっと後ろあたりを目安に、いつもより打点を後ろにとって打っていく

Chapter **3**

サービス＆レシーブ

サービス＆レシーブは、
ラリーの一番最初のショットになります。
非常に重要なショットです。
ジュニアから大人の選手まで、
どのようなレベルの選手であっても
サービス＆レシーブが弱点となると
試合に勝つことができません。
日頃から重点的に練習すべき
ショットといえます。

Q38 サービスって、どういうショット?

トスは自分で真上に上げ、高い打点からラケットを振り落とすイメージでスイング。
サービスが入らなければ失点になるため、確率も非常に重要なポイントに

唯一、自分のタイミングで攻撃できるショット

サービスは、唯一、自分のタイミングで攻撃できるショットです。また、ひとりで練習もできるため、自分の取り組み次第でグンと上達するショットともいえます。また、ラリーの最初のショットでもあるため、サービスを極めることで、ゲームの主導権を握れるといっても過言ではありません。

Q39 サービスのトスの上げ方は?

利き手とは逆側の手にボールを
乗せ、トスを上げる。その際、
ボールを包み込むように、手の
ひらに乗せよう

トスは常に一定に上げられる
ようにしよう。また、ヒザの
曲げ伸ばしを使って、下半身
主導でトスを上げると、安定
したトスになる

NG
ダメな
打ち方

写真のように指先でトスを上げたり、トスを上げる左手が曲がったりすると、
一定の場所にトスが上がらず、確率よくサービスが打てません。

ボールは強く握らない
指先で上げない

確率よくサービスを打つためには、トスの善し悪しが大きなカギを握ります。毎回、トスが正確に上げられれば、ミスなく、確率よくサービスを打っていけますが、ボールを強く握ってしまったり、指先で上げたりすると、トスが不安定になり、サービスの確率がガクンと下がってしまうので注意しましょう。

Q40 サービス時のラケットの スイングは?

ピッチング ▶▶ ピッチング動作では、利き手を後ろにしたところから頭上を通して前に出してくる際に、写真 6 以降で左右の腕が入れ替わり、利き手が前に出てくる

サービス ▶▶ 上達してくると、サービス時はセミイースタングリップからイースタングリップに持ち替えて打つと、さらに確率のいいサービスが打てる。高い打点から振り下ろすことで、さらに角度がつき、厳しいサービスになっていく

スイングはキャッチボールをする
イメージで

サービスの一連の動きは、上半身も下半身も野球のピッチング動作と似ています。特に上半身の左右の腕の動きは、ピッチング動作を参考にするとよいでしょう。利き手は、後ろに持っていったところから頭上を通して前に振り下げていきます。具体的には、利き手と利き手の逆の手を入れ替えるようにして、利き手を振り下ろしていきます。

Q41 サービスのときに空振りをしてしまう。どうしたら、いいの?

トス ▶▶▶▶▶▶ 一定の位置にトスを上げる練習をすることで、空振りを減らすことができる

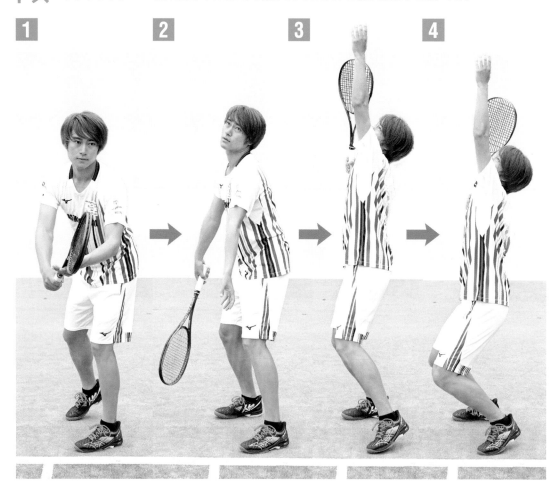

1 → 2 → 3 → 4

Coaching

上げたボールを利き手の逆の手で
つかむようにして距離感をつかむ

トスを空振りしてしまうという選手も多いです。そういう人は、トスを
上げたあと、目からボールが離れてしまうことが原因かと思います。トスの
上がる位置を一定にすることはもちろんのこと、利き手とは逆側の手で
トスを上げ、その手で、上げたボールをつかむようにして距離感をつかんで
いこう。

インパクト ▶▶　インパクトは、顔より前で打ち、横目で当たった瞬間を見るようにしよう

Q42 サービスを2種類ぐらい 打てるようになりたい！

カットサービス ▶▶ 右利きならば、右から左への体重移動により、下半身のパワーで回転をかけることができる。ボールに回転をかけるときは、ラケットでボールをスライスするイメージで

ストロークと同様に
体重移動（右から左へ）をしよう!

カットサービスはラケットを短く、包丁を握るように持ち、ボールの下側を切るようにして回転をかけて打つサービスです。ストロークと同様に、体重移動をすることでボールを前に運べます。相手コートに入ると、バウンド後にははねなかったり、横に反れたりと変化するため、レシーバーは高い打点から強くレシーブが打てず、サーバー側にとって有効なサービスといえます。

Q43 レシーブって、どういうショット?

ファーストサービス時 ▶▶

ファーストサービスを受けるときは、ベースライン付近で待球姿勢をとり、備える。相手が威力のあるサービスの場合でも、できるだけ大きく返球し、自分の体勢を素早く戻す

レシーブは守備的ショットだが、セカンドサービスをレシーブするなら、相手陣形を崩しにいこう

高い打点から打ってくるサービスは攻撃的なショットですが、レシーブは守備的なショットだといえます。ただし、相手がファーストサービスが入らず、セカンドサービスを打つ場合は、レシーバー側がチャンスといえます。ファーストサービスより球威の落ちたセカンドサービスを相手が打つときは、レシーバー側は相手の陣形を崩すような攻撃的なレシーブを打つべきです。

セカンドサービス時 ▶▶

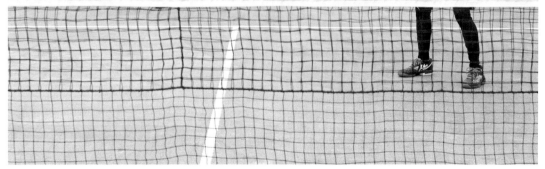

写真はセカンドサービスでの待球姿勢。サービスラインの後ろくらいに構え、相手が定位置で打てないようなコースや球種で攻めのレシーブを仕掛けていこう

Q44 レシーブとストロークの打ち方の違いは?

写真4はコンパクトなテークバックから降り始め、写真5〜8でも大振りせずコンパクトに振り抜いている

レシーブはコンパクトなスイングで振り抜いていく

レシーブとストロークの違いは、レシーブは相手が高い打点から力強いサービスを打ってくるため、大きなテークバックをとると威力に押されてしまいます。また、サービスでは、ストロークよりもバウンド後にボールがすべってくることが予想されるため、よりコンパクトなスイングで振り抜いていきましょう。

Q45 相手のサービスが 強いとき、弱いとき、 レシーブの返し方の違いは?

相手のサービスが強いとき ▶▶

相手のサービスが弱いとき ▶▶

威力があれば、よりコンパクトなスイングを
弱い場合には前に
しっかり踏み込んで打っていく

相手が威力のあるサービスを打ってきたときは、より小さくコンパクトな
スイングをすべきです。ボレーをする感覚で、ラケットに当てるイメージ
を持つとよいでしょう。逆に、相手サービスが弱い場合は、しっかり大きく
前に踏み込んで打つことが大事です。

相手サービスが強い場
合は、大振りせずコン
パクトなスイングを。
相手サービスが弱く
入ってきたら、前に踏
み込んで打っていこう

Q46 サービスでコースを狙いたい！ サービスの確率を高めたい！

サービスには「ワイド」「センター」「ボディ」の3コースがある。それぞれ打点の違いにより打ち分けられる

センター	ボディ	ワイド

いつでもコースを変更でき、
そのうえで確率のいいサービスを

サービスでコースを狙う場合は、打点で変えることでコントロールします。加えて、高い打点で打っていくこと、トスの正確性も大事です。理想は、いつでもコースを変更でき、そのうえで確率よく狙ったコースへ打っていけるように。左ページのように、コートのセンターを狙うときには頭上近くの打点で、角度をつけてコート外へ出すようなワイドへ打つ場合は身体より外側の打点から、センターとワイドの中間でレシーバーのボディを狙う場合は、身体の横あたりの打点からサービスを打っていきます。

3カ所から練習する ▶▶

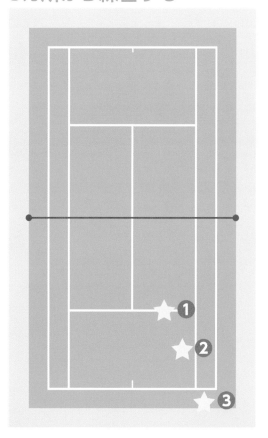

コート図のように、徐々にネットとの距離が長くなっていくサービス練習。ネットとの距離が短い❶では、角度をつけて打たないと入らないため、高い打点で打つ際の身体の使い方が身につく

❶サービスラインから

❷サービスラインと
　 ベースラインの間から

❸ベースラインから

Q47 レシーブはどういうコースに打つといい?

Coaching

相手の正面は避け、少しでも相手を動かすコースを狙っていこう

レシーブでは、相手を少しでも動かすことを考えて打っていきましょう。定位置で打たせず、相手の不得意なところを（回り込ませる、バックなど）を狙っていきます。その場合、相手をよく観察し、特徴や弱点を見極めてコースを判断していきましょう。

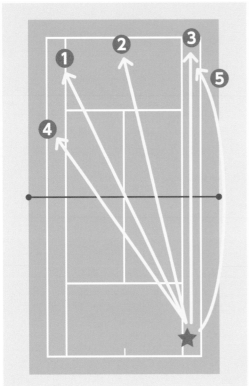

クロス ▶▶

ストレートロブ ▶▶

左のコート図は大まかなレシーブのコース（クロスの場合）。❶クロス ❷センター ❸ストレート ❹ショートクロス ❺ストレートのロビング

Chapter **4**

ボレー&スマッシュ

ネットに近い場所で、
相手打球をノーバウンドで返球するボレー。
ワンバウンドして打つストロークよりも、
返球されてくる時間も短く、
自分のいる場所へ到達するタイミングも早いです。
コンパクトな動き、
ラケットの操作で対応していきます。

Q48 ボレーって、どういうショット?

フォアもバックも、テークバックを小さく、インパクト後にラケット面を残して押し出していく

バックボレー ▶▶

ノーバウンドで返球するボレーは
決定打になりやすい

ノーバウンドで返球するボレーは相手コートに返すタイミングも早く、
相手が次のボールに準備ができていない場合もあり、決定打になりやすい
です。ここでは、フォア側に飛んできたボールに対応するフォアボレーと、
バック側に飛んできたボールに対応するバックボレーを見ていきましょう。

◄◄ フォアボレー

Q49 ボレーの打ち方は?

STEP1 ▶▶ 手でキャッチ

練習者はネット前に立ち、球出し者がサービスエリアから下手投げで上げボールする。そのボールを練習者は手でつかむ。ボールをつかむときに両足が揃っては×。利き手側の足を前に出してつかむ

STEP2 ▶▶ 手で打つ

STEP1と同様に球出し者は上げボール。練習者は手のひらで、そのボールをノーバウンドで打っていく。右足を前に出してネットに詰めていきながらボレーする

Coaching

手でノーバウンドのボールを
とらえる練習から

ボレーはノーバウンドでボールに対応するため、難しく感じる人もいるでしょう。ここでは、ボレーの打ち方を段階的に身につけるための練習メニューをクローズアップしていきます。手で、ノーバウンドのボールをとらえる練習から始めていきましょう。

STEP3 ▶▶ ラケットで打つ (短く)

STEP1と同様に球出し者は上げボール。練習者はラケットを短く握り、ノーバウンドで打つ

STEP4 ▶▶ ラケットで打つ

グリップを握り、球出し者の手投げのボールをボレーする

NG
ダメな打ち方
ラケットを振り、下に打ちつけるのは×

ラケットを顔の前で押し出すようにボレーをしたりラケットを振って下に打ちつけたりするのは×。球出し者には山なりのボールで返す

105

Q50 身体の近くに飛んできたボールをボレーするときは?

右側に身体を逃し、バック側をあえて空けて、
ラケットをスムーズに出しやすくする

Coaching

正面に飛んできたボールに対しては、身体を逃してボレーしよう

正面に飛んできたボールをノーバウンドで対応するのは、怖いものです。正面でボレーしなければいけない場合は、身体を逃がしてラケットを操作できる空間をつくるとよいでしょう。

ボールを上から見ると恐怖心がなくなる。写真のようにボールを下から見ると、より恐怖心が出てしまう

左側に身体を逃し、フォア側をあえて空けて、ラケットをスムーズに出しやすくする

Q51 身体から遠いボールを ボレーするときは？（フォア）

ボールの方（進行方向）におへそを向け、クロスステップを使って
斜めに走っていき、遠いボールに対応する

フットワーク ▶▶ フットワーク時、正面を向くとスピードが出ないので注意

ボールの地点まで、
素早くフットワークして移動する

身体から遠いボールをボレーするときは、フットワークを使ってボール
のところまで移動していきます。素早くボールの地点まで移動し、軸足
にためをつくり、ためをつかって全身を伸ばしてボールをとらえていき
ましょう。

Q52 身体から遠いボールをボレーするときは？（バック）

写真**5**～**6**のように、相手コートに背中を向けると、ラケット1本分くらいより遠くのボールにも対応できる

ラケット面に顔を近づけ、ボールを押し出す

ラケット面に顔を近づけ、身体全体でボールを押し出していこう

Coaching

バックはフォアよりもリーチが出る

身体から遠いボールをバックボレーする場合も、素早いフットワークで移動していきます。フォアよりもバックはリーチが伸びやすいので、フォア以上に遠くのボールにも対応できるでしょう。

 NG ## 顔がラケット面から離れると✕

顔がラケット面から離れてしまうと、フットワークができず、手だけでボレーすることになる

Q53 スマッシュを ミスしないコツは?

クロスステップで後ろに下がり、その際、おへそは横を向いている。その状態から正面を向き、ラケットを振り下ろしていく

タメをつくって 前へ体重移動 ▶▶

軸足にためをつくり、
頭上からラケットを振り下ろす

ボレー同様にノーバウンドで打つスマッシュ。高さがある相手のボールを、後ろに下がって頭上から叩いていきます。スマッシュは利き手側の足を軸足として、その軸足でタメをつくり、高い打点からラケットを振り落としていきます。

◄◄ フットワーク

NG ダメな打ち方
踏み込み足はかかとから入り、
後ろから前へ体重移動する

踏み込み足がつま先から着地すると、前のめりになり、上体が崩れ、スムーズにスイングできなくなります。踏み込み足はかかとから入り、後ろから前への体重移動をすることで高い打点から振り下ろす際のパワーとなります。また正面を向いたままスマッシュをすると、手打ちになってしまうので、身体は横を向いた上体からラケットスイングと同時に身体を正面に向けていきます。

Q54 スマッシュって、どういうときに打つの?

Coaching

相手の体勢を崩したときなどに甘いボールが飛んできた場合にスマッシュを打つ

相手のロビングが短かったり、相手が陣形や体勢を崩して甘いボールが飛んできたりした場合、スマッシュを打っていきます。後ろまで下がっても、間に合わない場合、十分な時間がとれない場合はスマッシュは追わず、ベースラインプレーヤーに任せ、ワンバンドしてストロークで対応してもらいます。しかし、相手の体勢などが崩れ、山なりのボールが飛んできたらスマッシュを放つチャンスです。

山なりの（高さがある）ボールを頭上から角度をつけて打ち込んでいく

Chapter ⑤
うまくなる練習法

船水雄太プロがセレクトした練習メニューを集めました。
楽しそうだけれど、練習の効果も抜群な10の練習メニューです。
日頃の練習でぜひ取り入れてみましょう。
ボールさばきや動きを磨く練習から、
遊び感覚で鍛えられる練習…
バリエーション豊富なメニューなので、
ぜひ楽しみならが実践してみてください！

[01] ラケットを回してスマッシュ、

ストロークの1本打ちでも、頭上で反時計回りにラケットを回してから打つ

ストローク

練習メニュー [02] **連続打ち**

やり方

ラケットを反時計回りで回して、その動きが止まらないようにスマッシュ、ストロークと打っていきます。球出し者は手投げで上げボール。身体の各部の連動を高める練習です。

やり方

練習者がベースラインで構え、横にいる球出し者は練習者がインパクトした瞬間に次の球出しをします。スムーズなストロークのフォームを身につける練習です。

写真のように頭上で反時計回りにラケットを回してから、スマッシュの1本打ち

しっかり振り切って1本を打ったあと、素早く次の体勢に入る

練習メニュー [03] 小さく返すヘアピン

やり方

練習者はサービスライン付近に構えます。球出し者はネットをはさんで手投げでネット前に上げボール。練習者はそれを拾って相手コートに短く返球する練習。

一般的に、短いボールを打たれたら→長いボールを返球するという考え方もありますが、あえて相手の予測の逆を突いて、「短く返す」練習をしてみよう。遊び感覚で楽しんで!

短いボールを拾うときは、ボールの下にラケット面をもぐらせて、ネットにかけないように返球

[04] 1本打ち（片足打ち）

▷ やり方 ◁

練習者はベースラインに対して横を
向き、片足立ち→球出し者は横から
ボールを落とす→練習者が片足で打つ。
右足の軸足に重心を乗せ、ためをつくり、
膝の曲げ伸ばしを使って打っていく

練習メニュー

[05] バック3球打ち

やり方

バックストロークはディフェンス的なショットと思いがちですが、この練習では、打つ場所が後ろから前へ出て、攻撃的なバックハンドを打っていきます。前に踏み込んで、振り切って打つ感覚を身につけましょう

1本目はベースラインからバックの1本打ち、打ち終わったら、ベースラインとサービスラインの中間に移動

2球目はベースラインとサービスラインの中間（上）、3球目はさらに前に詰めて打つ（下）

練習メニュー [06] 1本打ち

やり方
ボールを打つ前に、複雑な状況をつくり（トラップ）、そのトラップのところへ足を運んで1本打ちをする。応用力がつく練習です。

STEP1 ▶▶ トラップ

STEP2 ▶▶ ヘアピン

写真では、球出しされたボールを一度ラケット面に乗せてポンと上げ、そのボールを1本打ちをしています。

慣れてきたら、自分でトラップのレベルを上げてみよう。ラケットの上でポンとより高く上げてから1本打ちをする

練習メニュー
[07] ステップ練習（フォア／バック／ランダム）

ステップ後、着地した1歩目を素早く踏み出しましょう

バック ▶▶
フォアハンドだけでなく、バックハンドも取り入れよう

ランダム ▶▶
球出し者がフォアハンド、バックハンドとランダムに上げボール

やり方

スプリットステップ（写真2）を入れてから、球出し者の上げボールを1本打ちする。スプリットステップを身につける練習です。

やり方

2人1組で、コート半面を使って、ノーバウンドのボールを交互に打っていきます。空いているスペースに相手を動かしていくため、遊び感覚で楽しめます。ウォーミングアップ的で、コートを広く見る力が養える練習です。バウンドはヒザの高さくらいで。

［09］ボレー練習（タイミングを見つける）

やり方

大きくジャンプをして
から、球出し者の手投
げの上げボールをボ
レーしにいきます。つ
まり、自分でスタート
を切るきっかけを覚え
る練習なんです。自分
から動いて取りにいく
ので、攻撃的なボレー
の練習ともいえます。

写真1でジャンプ、写真2で球出し者が上げボール、
写真3から自分で動いてボレーを取りにいく

自分でジャンプをしたところから
練習がスタート。自分から動く
きっかけをつくる

練習メニュー
［10］コーンを狙う

やり方

練習者はベースライン付近で後ろ向きになって構える。球出し者に「ハイ」と言われてから振り返って1本打ちをします。その際、球出し者が「クロス」「ストレート」「センター」など、コースを言い、練習者はそのコースを狙って打ちましょう。写真左は狙うコースのスペース

いきなりボールが現れて、瞬間的に打っていく練習。ストレスがかかった状況ともいえる中でも、ボールをしっかり打っていく

シュートボールだけではなく、応用として、フォアやバック、短いボールなどいろいろな球種を混ぜていこう

125

おわりに

「新しい基本」をお届けしたいと思い、本書の作成に取り組みました。ただ、人間はそれぞれに身体の骨格なども異なり、実は個々に打ちやすいフォームなども違うのです。ですから、本書でお伝えしていることも一つの参考にしていただき、練習に取り組む中で、自分に合った打ち方、自分にとって効果的な練習方法を探し出してください。

それでも「基本」となる土台ができていないと、グラグラと揺らいでしまいますから、基本をしっかり身につけた上で、自分に合った打ち方などをミックスして"自分なりの打ち方"を築いていってほしいと思っています。

本書は、初心者の方は基本から学ぶときに、中上級者の方はちょっと打ち方を見直したかったり、スランプになったりと「基本」を振り返るときに、そして誰かを技術を教えるときに、活用していただける内容にしました。さまざまな場面で基本の技術を見直す相棒として、長くお手元に置いてもらえたらと思います。

［著者］

船水 雄太 （ふねみず・ゆうた）

プロソフトテニスプレーヤー

1993年生まれ。青森県黒石市出身。身長178cm／73kg、右利き、後衛。黒石烏城クラブ→黒石中→東北高→早稲田大→NTT西日本→エースマネジメント。黒石中3年時に全国中学校大会で個人3位。東北高1年時にハイスクールジャパンカップ準優勝（／九島）、全国高校選抜大会優勝。2年時の国体も制し、3年時には全国高校総体の個人と団体で2冠に輝いた。大学では全日本大学対抗選手権4連覇など。社会人では2016年の全日本社会人選手権優勝（／九島）など。2015年全日本シングルス準優勝。日本代表としては、2012年アジア選手権サポートメンバー、2015年世界選手権では国別対抗金メダル獲得。2016年アジア選手権出場。2020年度よりプロソフトテニスプレーヤーとして活動中。

公式サイト https://aasmanagement.com

［撮影協力］

AAS Management
（エースマネジメント）

AAS Management（エースマネジメント）は、日本初のソフトテニスプロチームとソフトテニス選手に特化したマネジメント会社として活動しています。ソフトテニス選手が競技に専念できる環境作りや、TV・イベント・講演会の出演交渉、SNSの運営などを通じて、アスリートの価値を最大限に高めるブランディング、マーケティングを行うマネージメントカンパニーです。

必ずうまくなる!!
ソフトテニス
基本と練習法

2024年6月2日 初版発行

※本書はコスミック出版刊「必ずうまくなるソフトテニス 基本と練習法」
　（発行日：2023年5月12日）を再編集したものです。

著　者　　船水 雄太

編集人　　横田 祐輔

発行人　　杉原 葉子

発行所　　株式会社電波社
　　　　　〒154 - 0002 東京都世田谷区下馬6-15-4
　　　　　代表 TEL：03-3418-4620
　　　　　　　　FAX：03-3421-7170

振替口座 00130-8-76758

URL：https://www.rc-tech.co.jp/

印刷・製本　　大日本印刷株式会社

ISBN978-4-86490-259-5 C0075